www.tredition.de

AF204335

Carolin Zöls

Was ist das in mir drin?

www.tredition.de

© 2020 Carolin Zöls

Text und Illustrationen: Carolin Zöls

Verlag und Druck: tredition GmbH, Halenreie 40-44, 22359 Hamburg

ISBN
Paperback: 978-3-347-05909-2
Hardcover: 978-3-347-05910-8
e-Book: 978-3-347-05911-5

www.tredition.de/buchshop/

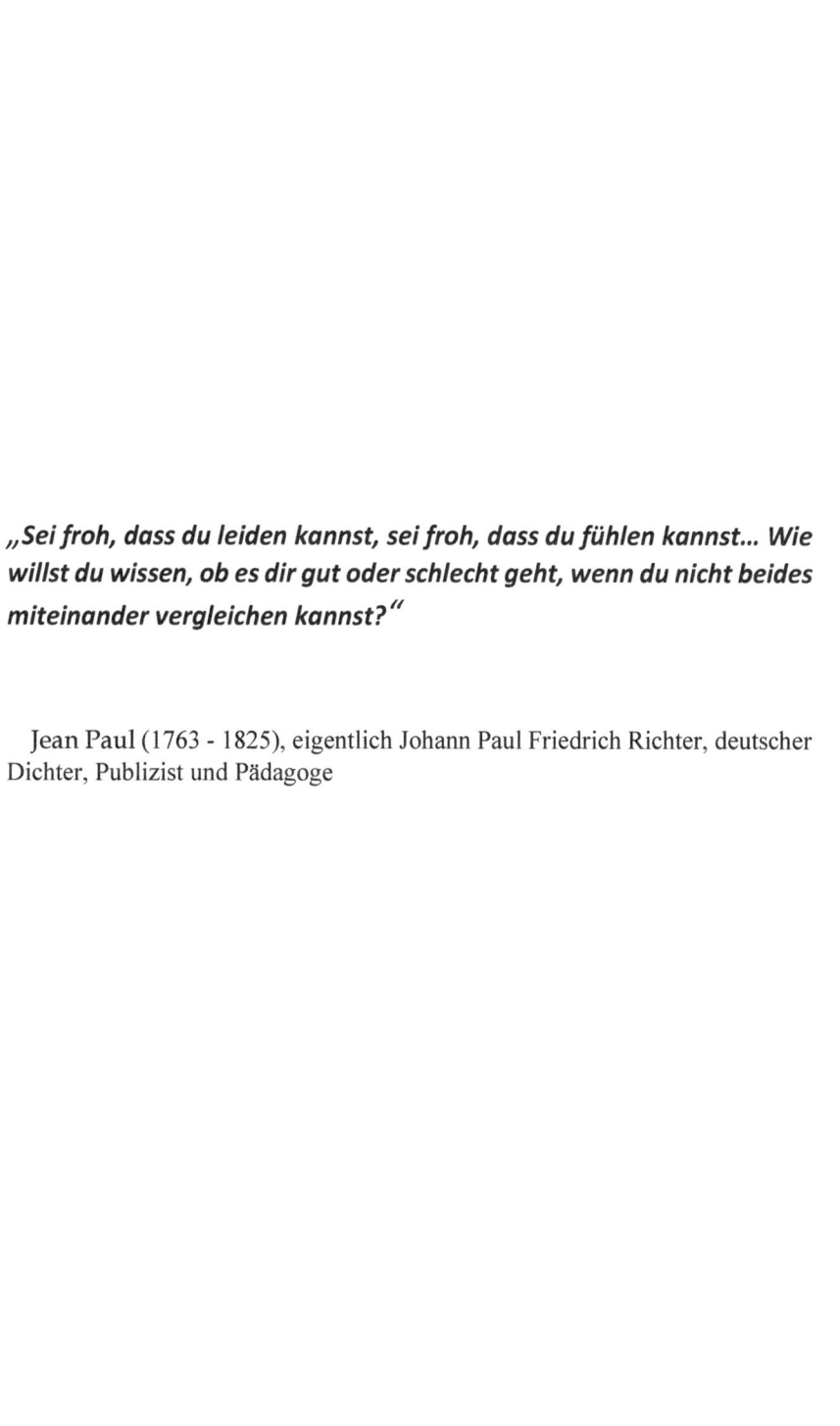

„Sei froh, dass du leiden kannst, sei froh, dass du fühlen kannst... Wie willst du wissen, ob es dir gut oder schlecht geht, wenn du nicht beides miteinander vergleichen kannst?"

Jean Paul (1763 - 1825), eigentlich Johann Paul Friedrich Richter, deutscher Dichter, Publizist und Pädagoge

Vorwort für die Eltern

Gefühle. Jeder Mensch hat sie. Doch wie entstehen sie und warum können manche Menschen besser, manche schlechter mit ihnen umgehen?

Dafür was wir fühlen, sind verschiedene Hormone unseres Gehirns verantwortlich. Jedoch kennen wir nicht von Anfang an sämtliche Emotionen wie Wut, Trauer, Verliebtheit, Nervosität etc.

Bei Geburt fühlen wir lediglich ein „Angenehm" und ein „Unangenehm". Alle anderen Emotionen entwickeln sich nach und nach.

Manchen Kindern fällt es sehr schwer, ihre Gefühle deuten zu können oder generell etwas zu fühlen und können oftmals auch die Emotionen anderer nicht einschätzen. Und trotzdem sind die Gefühle wie Freude, Trauer, Wut oder Angst da. Doch warum können diese Kinder scheinbar keine Gefühle zulassen oder mit diesen umgehen?

Die Ursache, warum manche Kinder ihre Emotionen nicht ausdrücken können liegt meist schon in der frühen Kindheit, im Säuglingsalter.

Bis zum 2. Lebensjahr entsteht die Bindung zwischen den Bezugspersonen (meist den Eltern) und ihrem Kind. Die Qualität der Bindung hängt vor allem davon ab, wie verlässlich, einfühlsam, fürsorglich und liebevoll die Bezugspersonen auf die Bedürfnisse des Kindes eingehen. Dies wird zusätzlich durch das Temperament des Kindes und auch die Lebenswelt beeinflusst (vgl. Berk, 2005).

Können die Bezugspersonen des Kindes nicht hinreichend auf dessen Bedürfnisse und dessen Gefühle eingehen, sondern reagieren verzögert oder gar nicht, so wird das Kind schnell lernen, seine Gefühle zurückzunehmen. Es wird keine Bedürfnisse und Gefühle mehr äußern, wird nicht mehr weinen oder auf sich aufmerksam machen, da es gelernt hat, dass auf sein Handeln keine Reaktion der Bezugspersonen folgt. Das Kind wird lernen, seine Gefühle besser abzuspalten, damit es sich nicht schlecht fühlen muss und eigenständig sein kann (vgl. Stockowy und Sahhar, 2012).

Ab dem 2. Lebensjahr beginnt das Kind seine Gefühle besser zu verstehen und auch sich selbst besser zu regulieren. Hat das Kind aber schon im Säuglingsalter seine Gefühle unterdrückt um überleben zu können, kann es auch nicht lernen mit Emotionen umzugehen und nur schwer Empathie entwickeln.

Durch meine Arbeit bei den erzieherischen Hilfen im Jugendamt lerne ich oft solche Kinder und auch ihre Lebensgeschichte kennen. Es wird immer wieder deutlich, welche Auffälligkeiten diese Kinder aufzeigen und wie verheerend es für ihre weitere Entwicklung ist.

Hat das Kind schon im frühen Kleinkindalter gelernt seine Gefühle zu unterdrücken, wird es auch den Umgang mit seinen Emotionen nicht erlernen, beziehungsweise seine Emotionen auch nicht ausdrücken können.

Weitere Folgen können sein, dass das Kind nur schwer in positiven Kontakt mit anderen Kindern kommt und sozial-emotionale Schwierigkeiten hat (vgl. Berk, 2005), dass es vielleicht sehr zurückgezogen und in sich gekehrt ist, oder aber dass es sich eher durch aggressives Verhalten anderen gegenüber auszeichnet. Sie können nur schwer Nähe zu anderen zulassen und Vertrauen aufbauen, haben sie doch bereits im frühen Kindesalter gelernt, dass andere Personen nicht verlässlich sind. Es kann sich weiter ein geringes Selbstwertgefühl und Selbstvertrauen entwickeln (vgl. Grossmann et al., 2005). Sie sind oft dauerhaft angespannt und bereits ein geringes Abweichen von der Alltagsstruktur kann große Angst oder starke Stressreaktionen auslösen.

Damit diese Kinder den Umgang mit ihren Emotionen lernen können, benötigen sie emotionale Sicherheitszonen. Sie können beispielsweise durch Geschichten in denen Kinder dargestellt werden die in ähnlichen Situationen sind an ihre eigene Situation herangeführt werden, ohne zu viel Nähe zuzulassen. Es ist ihnen dadurch weiterhin Distanz möglich.

Mit diesem Buch soll Kindern die Angst genommen werden sich zu zeigen und Gefühle zuzulassen. Gefühle machen stark und sind keine Schwäche.

Denn nur wenn man seine Gefühle erkennen kann, kann man darüber sprechen und die Gefühle auch verarbeiten.

Herzlichst, Ihre Carolin Zöls

Carolin Zöls

Was ist das in mir drin?

Text und Illustrationen von Carolin Zöls

Heute ist Bennis großer Tag.

Endlich darf er in die Schule gehen.

Aber als Benni aufsteht, ist irgendetwas

anders als sonst.

„Was ist das?", denkt Benni.

„Ich habe keinen Hunger, Mama. Mir ist ganz heiß an den Ohren und kribbelig im Bauch, als ob ich viele kleine Käfer verschluckt hätte. Ich glaube ich werde krank. Ich kann nicht in die Schule gehen."

Mutter Eichhorn lacht.

„Aber Benni, du bist nicht krank. Du bist aufgeregt!"

„Aufgeregt?", denkt Benni. „So ist das also in mir drin, wenn ich aufgeregt bin!"

Mutter Eichhorn begleitet Benni auf dem Schulweg. Benni trägt seine Schultüte vor sich her.

Seine Augen glänzen.

„Mama, ich könnte tanzen oder fliegen. Meine Schultüte ist so schön! Aber irgendwie ist es in mir drin, wie wenn ich einen riesengroßen Luftballon verschluckt hätte, der gleich platzen wird! Was ist das, Mama?"

Mutter Eichhorn lacht.

„Keine Angst Benni. Du platzt nicht. Du bist sehr stolz auf dich und deine schöne Schultüte. Und ich bin auch stolz auf dich."

Benni ist in der Schule angekommen. Durch einen kleinen Spalt in der Türe schaut er in sein Klassenzimmer. Mutter Eichhorn ist bei ihm.

„Mama mir ist ganz komisch. Meine Hände sind ganz rutschig und mein Hals ist ganz eng…"

„Es ist normal nervös zu sein, Benni. Das ist dein erster Schultag. Aber du wirst sehen, dass es toll wird", beruhigt Mutter Eichhorn den kleinen Benni.

„Nervös?", denkt Benni. „So ist das also in mir drin, wenn ich nervös bin."

Die Lehrerin entdeckt den kleinen Benni.

„Hallo, wer bist du denn? Du brauchst nicht nervös sein. Komm, ich zeige dir deinen Sitzplatz."

Frau Fuchs nimmt Benni an der Hand und lächelt ihn an.

Sie zeigt Benni seinen Platz. „Geht es dir jetzt besser?"

Benni schaut nochmal in das lächelnde Gesicht seiner Lehrerin.

„Ja, mir ist auf einmal so leicht im Bauch. Wie wenn ganz viele schwere Steine aus mir weggenommen worden wären. Was ist das plötzlich?"

Frau Fuchs lacht. „Du bist erleichtert und froh, Benni. Siehst du, alles ist gut."

Der Schultag ist schnell vergangen. Als die Kinder aus dem Schulhaus gehen, wird Benni von Willi Wiesel geschubst. Benni fällt hin. Willi läuft vorbei. Benni beginnt zu weinen und zu schreien. Gott sei Dank wartet Mutter Eichhorn schon vor dem Schulhaus.

„Ohje, was ist denn passiert Benni?"

„Willi hat mich geschubst! Mama, in meinem Kopf ist plötzlich alles ganz heiß und in meinem Bauch ist ein riesengroßes Gewitter! Was ist das?"

Mutter Eichhorn tröstet Benni: „Du bist wütend Benni. Das war gemein von Willi, am besten sprechen wir morgen mit ihm. Komm, zu Hause habe ich schon einen leckeren Nusskuchen gebacken."

„Wütend?", denkt Benni. „Wütend sein ist gar nicht schön."

Abends bringt Mutter Eichhorn Benni ins Bett. Aber Benni kann nicht schlafen.

„Mama, mein Hals ist verstopft mit ganz vielen Klößen und mein Bauch ist irgendwie voller schwerer Steine. Ich muss immer an Willi denken. Warum hat er mich geschubst? Ich habe ihm nichts getan. Was ist das, Mama?"

Mutter Eichhorn streichelt Benni über den Kopf und nimmt ihn in den Arm.

„Du bist traurig Benni. Mach dir keine Sorgen, es wird alles wieder gut. Morgen sprechen wir mit Willi."

„Traurig?", denkt Benni. „So ist das also, wenn ich traurig bin."

Am nächsten Morgen wacht Benni auf. Er hat gar nicht gut geschlafen und auch nicht gut geträumt. Mit wackeligen Knien geht er zu Mutter Eichhorn.

„Ohje, was ist denn mit dir los Benni? Du bist ja ganz blass!"

Benni kuschelt sich an seine Mama.

„Mir ist ganz kalt und meine Knie zittern. Ich habe auch ganz schlecht geträumt. Und in meinem Bauch und Hals sticht es ganz schlimm, wie wenn ich lauter spitze Nägel verschluckt hätte. Ich mag Willi Wiesel gar nicht mehr wiedersehen! Was ist das in mir drin, Mama?"

„Mein armer kleiner Benni. Ich glaube du fürchtest dich. Hab keine Angst, du wirst sehen, dass wir zusammen ganz leicht mit Willi sprechen können."

„Angst?", denkt Benni. „So ist das also, wenn ich Angst habe."

An Mamas Hand geht Benni ins Klassenzimmer.

Willi Wiesel ist schon da.

„Willi, komm doch bitte mal her", ruft Mutter Eichhorn den Jungen.

Willi kommt sofort zu Benni und seiner Mama.

„Hallo Frau Eichhorn, hallo Benni. Was ist denn los?"

„Benni geht es gar nicht gut. Er sagt, du hast ihn gestern nach der Schule geschubst. Warum hast du das gemacht?"

„Ohje Benni, es tut mir schrecklich leid. Ich habe dich gar nicht gesehen. Ich wollte ganz schnell nach Hause, weil meine Oma zu Besuch war. Darum bin ich so schnell gelaufen."

Willi gibt Benni die Hand und entschuldigt sich. Die Kinder sehen sich lächelnd an.

Da wird es Benni ganz warm und leicht.

„Mama, was ist das? In mir drin wird es plötzlich ganz warm und leicht, wie wenn in meinem Bauch die Sonne scheint."

Mutter Eichhorn lacht. „Benni du freust dich. Willi und du seid jetzt Freunde."

Mutter Eichhorn oder Frau Fuchs sind aber nicht immer da um Benni zu helfen.

Manchmal weiß er nicht, was in ihm los ist und er kann niemanden fragen.

Kannst du Benni helfen? Was ist das in ihm drin?

Als Benni von der Schule nach Hause geht trifft er unterwegs eine kleine Schnecke.

Die Schnecke weint.

„Hallo kleine Schnecke, was ist denn los? Warum weinst du?", fragt Benni.

„Ich bin zu langsam, meine Freundin Marie ist mir davon gekrabbelt."

Als Benni das hört, verändert sich etwas in ihm.

Weißt du was das in Benni ist?

„Kleine Schnecke, hör auf zu weinen. Ich habe eine Idee! Ich kann dich tragen. Zusammen können wir deine Freundin einholen."

Die kleine Schnecke freut sich sehr über Bennis Hilfe.

Zusammen machen sie sich auf den Weg Marie Marienkäfer einzuholen.

Kannst du dir vorstellen, wie Benni sich jetzt fühlt?

Bald sehen die beiden Marie.

Benni ruft nach ihr. „Marie, bleib doch bitte stehen, du hast deine Freundin verloren."

Auch die kleine Schnecke ruft nach ihrer Freundin.

Und da hört Marie die Rufe und dreht sich um.

Die beiden Freundinnen fallen sich in die Arme.

„Es tut mir leid", meint Marie „nächstes Mal machen wir lieber kein Wettrennen mehr."

„Da hast du recht, spielen wir lieber etwas anderes.", lacht die kleine Schnecke.

Und da versteht Benni. „Achso, ihr habt ein Wettrennen gemacht! Na das war wohl keine so gute Idee. Gut, dass ich dich gefunden habe, kleine Schnecke. Alleine hättest du Marie nicht eingeholt."

Weißt du was Benni, die kleine Schnecke und Marie nun fühlen?

Weil Benni der kleinen Schnecke geholfen hat ist es jetzt schon dunkel geworden.

Der Weg durch den Wald ist jetzt gar nicht mehr schön.

Er hat ein ganz komisches Gefühl in sich drin.

Was ist das? Kannst du Benni helfen?

Benni geht immer schneller, damit er bald nach Hause kommt.

Endlich sieht er das Haus.

„Gott sei Dank", denkt Benni.

Ganz schnell läuft er auf das Haus zu und ruft nach Mutter Eichhorn.

Gott sei Dank ist Mutter Eichhorn zu Hause.

Auch sie wartet schon auf Benni. Er hätte ja schon lange zu Hause sein sollen.

„Benni, was ist denn passiert? Ich habe mir solche Sorgen gemacht. Wo warst du denn?"

„Ach Mama, heute war ein spannender Tag.

Ich habe so viel erlebt.

Aber es ist gut, dass ich jetzt zu Hause bin."

Benni und Mutter Eichhorn umarmen sich. Beiden wird es ganz warm ums Herz. Ein anstrengender Tag geht zu Ende.

Kannst du dir vorstellen, was Benni und seine Mama jetzt fühlen?

Geht es dir auch manchmal wie Benni und du weißt nicht was in dir drin los ist?

Hier kannst du dich selbst malen und deinen Gefühlen freien Lauf lassen. Du kannst zeichnen, wie du dich fühlst.

Zeig dein Bild doch deinen Eltern oder einem anderen Erwachsenen. Gemeinsam findet ihr bestimmt heraus, wie du dich fühlst und sie können dir helfen, mit deinen Gefühlen umzugehen.

Heute fühle ich mich….

Heute fühle ich mich….

Heute fühle ich mich….

Heute fühle ich mich….

Heute fühle ich mich….

Heute fühle ich mich….

Heute fühle ich mich....

Die Autorin

Carolin Zöls wurde im Oktober 1989 in Landshut geboren. Sie ist mit ihrer bayrischen Heimat sehr verbunden und schrieb bereits während der Schulzeit mit großer Leidenschaft Kurzgeschichten. Schon früh stand für die Landshuterin fest, mit Kindern und Jugendlichen arbeiten zu wollen. Somit absolvierte sie von 2010 bis 2013 erfolgreich das Studium der Sozialen Arbeit in der Kinder- und Jugendhilfe. Seit 6 Jahren ist Carolin Zöls hauptberuflich als Sozialpädagogin tätig, hat aber das Schreiben nie aufgehört. Nun verband sie ihren Beruf mit ihrer Leidenschaft und konnte ihr erstes, wissenschaftlich fundiertes Kinderbuch verfassen. Carolin Zöls ist ihrer Heimatstadt treu geblieben und lebt weiterhin in der niederbayrischen Hauptstadt. In ihrer Freizeit engagiert sie sich für die Kolpingfamilie St. Wolfgang.

„Was ist das in mir drin" ist erhältlich unter

www.tredition.de/buchshop/

oder auch im Buchhandel.

Zeitfracht Medien GmbH
Ferdinand-Jühlke-Straße 7
99095 Erfurt, Deutschland
produktsicherheit@kolibri360.de